دم الحُسين

طارق التريري

طارق التريري, Published by 2022.

While every precaution has been taken in the preparation of this book, the publisher assumes no responsibility for errors or omissions, or for damages resulting from the use of the information contained herein.

دم الحُسين

First edition. June 11, 2022.

ISBN: 979-8223092520

Written by طارق التريري.

لمُحبي وعُشاق الشعر

صدت فيك الحكاوي

تاهت بيك الدروب
دبلت ريحة القصايد
فاضل نزف القلوب
لساك ع الوصل ناوي
ولا خلاص الغروب
بيدُق الباب حتفتح
ولا نويت الهروب
تنحت فجرك لوحدك
وتدوب في الضي دوب
تستنى الطاقه تفتح
وتهم تقول يادوب
فاضل ع الصُبح ساعه
استغفِر فيها اتوب
وارجع بعديها اكمل
سفرى فصمت الدروب

مستنى تجيب أخرها

مستنى تجيب أخرها
وتتطربق ع الجميع
مسؤول الكُل عنها
حتى الطفل الرضيع
أمه تُراثها الأغاني
ودا سجع ودا بديع
وحروبها فى القصايد
ووطن مُش للجميع
ينحت يبنى فخرايب
وزرايب للقطيع
وتقوللى تعالى نحلم
نحلم ونشوف ربيع
وربيع حواديتو خِلصِت
مابقاش عاشق البديع
ومستنى تجيب أخرها
وتتطربق ع الجميع
يمكن حاغفر ساعتها
أو حاستثنى الرضيع

استراحه

مابقاش فيه حد عايزك
ولا حد بيشتهيك
غير صمتك فيك وحُزنك
أو دهشه بتحتويك
لما الشبابيك بتقفل
فى عيون كُنت الشريك
في براح دُنيتها ياما
واهي ردت فيك عليك
مُص ف صبار سرابك
حاول تغرز إيديك
جواك وتشد قلبك
وانزع جمد إيديك
حتى الكراكيب بترحل
وتفضي مكانها فيك
وازن لو كُنت تقدر
بعبش شوفلك شريك
مالقيتش؟
تسد بابك
وتقول حاخُد بريك
خُلصت كُل الحكاوي
والباقى نزيفها فيك

كابد

كابد وحدك وسافر
وحدك برا القطيع
جاهد وابدُر غيطانك
حيهل فيوم ربيع
مهما تدور الدواير
سدك عالي ومنيع
توبك حلم الغلابه
مُش زينه ومُش لبيع
قمحك بيزين ملامحك
واجمل من مية ربيع
أشجع من ألف فارس
لكن في الشوق مُطيع
تنده كُلك يلبى
وتصير طفل ووديع
فاتح للكُل بابك
وبتنقُش كون بديع
هَمو بيوت الغلابه
عِشقو دخول الربيع
ونخيلك لسا طارح
وغرامك مُش لبيع

مسيرها تهون

واهو من دا على ادا
مسيرها تهون
وساعات بتغيب
وساعات بتؤن
مرات نرتاح
وكتير في شجون
وبنهتف ندعي
لرب الكون
وساعات بهوات
وساعات بنكون
لابسين جلاليب
ونربي دقون
ماهو حق الموس
مابقاش مضمون
وساعات يفرجها
إله الكون
ونربى كروش
ونزيد في دهون
وكمان نفترى
نشترى معجون
ماهو أصل سنانا
تعوز الصون
وشراب للجزمة
وصبغة لون
اهو نروى الجزمه
نجدد لون
يمكن نحتاجها
تكون في العون
مشوار للمركز أي شؤن
واهو من دا على ادا

مسيرها تهون
ومسيرها حتفرج
أوى وتكون
نفحات من عندو
وتملا الكون
فدادين م الرُز
وزيت وصابون
نتعشى ونغسل بالمعجون
وكمان الصُبح
الحُما مضمون
واهو من دا على ادا
مسيرها تهون

عِطرِك

واسافر والدليل عطرك
وقلبى لسا قد الريح
وعاشق مهما بيكابد
وعاشق مهما
عادلى جريح
وتتساوي الدروب عندو
نسايم ولا كانت ريح
دليلو في الدروب عطرك
وشوقو بالأمانى يصيح
تهلى يبتدى فجرو
وروحو تبتدى التسبيح
عطورك تسري فجروحى
وتمحى من دروبى الريح

عَطش

قتلك عطش السواقى
هلكك يبس الضروع
ومهما تبين خُضوعك
عمرك ما تسد جوع
حلمك يتسد جوعك
حلمو تزيد الخُضوع
ترجع كلاف في أرضو
ويرجع سيد الربوع
وتفضل فاتح لصدرك
ممنوع تلبس دروع
ممنوع ترفع راياتك
أو تنده للجموع
ويزيد عطش السواقى
يفضل يبس الضُروع
وانتا اللى بتروى حلمو
وتزيد فيك الخُضوع
حلك تلبس دروعك
وتنادى على الجموع

بساطه

وبسيط الحلم جداً
لُقمه وبتسِد جوع
هدمه وبتلم بدنك
منديل ل اجل الدموع
مُش مستاهله التنازُل
ولا مستاهله الخُضوع
حاول ترحم مشاعرك
حاول ليك الرجوع
قاتل جرح الكرامه
لكن هين ياجوع
مره وتحنيها راسك
تتعود ع الركوع
مهما بتكبس في بطنك
لسا بتصرخ ياجوع
وتحاول تحني هامه
بعد سنين الخُضوع
مهما تحاول تقيمها
عشقت ومافيش رجوع
هوا استخدامها واحد
للهز وللركوع

ريحة الجنوب

قلبى يحب المداين
لكن عشقى الدروب
وبيوت بالطين وناسها
صابرا وصافيه القلوب
والتوب على قد حالو
ومُش لازم فيه جيوب
كافتيريا في كُل حته
وتدُق الباب يادوب
تاكُل تشرب تعسل
ودُعاهُم م القُلوب
ومُش محسوبه النوبادي
دايماً طبعك هروب
واستنى دقيقه واحده
خُد دى وفصلها توب
وافتح حجرك وخُدلك
حبةً تمر ويادوب
تتسلى وانتا ماشي
وتتدي عيال الدروب
ولازم نتعشى بُكرا
شرف بعد الغُروب
وبلاش تركب دماغك
وتقول وقتك يادوب
وطلاق طلاقين تلاته
خلصت ومافيش هروب

اتجاه واحد

وسع بقا الحُفره
ومجد كدا الواحد
ادى كمان ذكرى
وزا العدد واحد
خايب وبتصدق
إن انتو شئ واحد
واديه بقى ذكرى
وماصانش يوم واحد
وبلاش بقى تصدق
في الدُنيا غير واحد
هوا أكيد انتا
بعديها ولا واحد
وان حد جا جنبك
قولو المكان واحد
وابدأ بقى الرحله
واحجز مكان واحد
وخلي تذكرتك
تبقى اتجاه واحد

تخاريف سفر

واسافر فيا
واسألني
حتنزل فين؟
وارُد عليا
أجاوبنى
بتسأل مين؟
دا نام من بدري
واتغطى
بقالو سنين
وبطل من زمان
يسأل
ح ننزل فين؟
وكُل طموحو
ف الرحله يعدى سنين
ومش فارقه
المعاد نوصل
ولاتفرق حننزل فين
دُعانا بس تتتسهل
ونوصل مش مُهم لفين

أبو عُدي

ومين فيهُم يقول لأاا
ومين منهُم ماباسش الإيد
ومين للموت قدر يضحك
ويستشهد صباح العيد
لمين المعزا في بلادى
لابو عُدى اللى فاتها شهيد
ماواطاش الجبين ابداً
ولا اتحايل وباس الإيد
وقابل بالرضا ربو
وفاتهُم ع الكراسي عبيد
بيرجف كُل مافيهم
يطول في السجود للسيد
ومشانق بُكرا تتعلق
ولكن يصعدوها عبيد
صعدها وهوا بيرتل
ورايح ل اللي خلقو شهيد
وفاتهُم فوق كراسيهُم
ولكن في النهايه عبيد
بيرجف كُل مافيهُم
يطول في السجود للسيد

طير مغرد

وانا طير مُغرد
في جنان الشوق
والعشق غالب
بس ساجنو الطوق
حاضره الأغانى
ومشتهيه تفوق
تعزف ناياتك
تنتعش وتروق
ف ابدء حصادك
وادى قلبى يدوق
ليلك مطول
ولا ناوى شروق؟
عليت قصورك
يا اللى ساكن فوق
وانا لسا ساكن
فيا قصر الشوق
مستنى تُحصُد
تدى قلي يدوق
وتفُك آسرى
تحل منى الطوق
تطرح جناينى
والتقينى فوق
ساكن شبابيك
صادح في كُل شروق

عم أنيس

خُد بالك منو
ياعم أنيس
مش كُل رقيق الهمس
حسيس
ولا كُل ناضورجي
تشوفو بوليس
تجري وتدارى
فجوز نسانيس
تتناسي الشيبه
وتصبح سيس
وبدال الحلم
تشوف كوابيس
وبلاش تستعجل
يا اسطى أنيس
تعملو مقام
وبديت تأسيس
جمعيه طيب
أوي وحسيس
سيبك من هريو
وم التدليس
دى حاجات محفوظه
وبالتدريس
يتدرب فيها
ويبقى عويص
ويمُص فدمك
وانتا التيس
بتغنى وتكتب
فيه كراريس
وتشوف الطشت
تقول دا هويس

واداك الحلم
لقيت كوابيس
وسامحنى بشده
ياعم أنيس
فكرتك خبره
لقيت سيس
ف اسمح واتلطف
وابقى حسيس
كلمنا شويه
عن الجواميس
واهى حاجه
بتفهم فيها ياسيس

مُناجاه

قلبى اللى سجد لك
وانتا رجاه
ومزاجها الدنيا
العِند معاه
بتشيلو الريح
ويحُطو هواه
والصُبح يفوق
بالليل تلقاه
مش قادر حتى
يقول الآه
طمعان وبكرمك
تتولاه
وتدلو لبر ويتلقاه
وتزيد ف شمولك
تتغشاه
بنسايم رحمه
تقوي رضاه
وتطِيب كدا
نفسو لقدر الله
يتحمل مُر مرار الآه
ولا غيرك ابداً
عندو رجاه
من صُنعك
وانتا عليم بدواه
ياعليم بالقلب
وباللي حواه
تُجبُرنى وتُجبُر فيا الآه
وتندى القلب
تزيد فى رضاه
وانا عبد فى مُلكك

17

وانتا إله
والعبد ما يسأل
غير مولاه
وسألتك كُل
اللي اترجاه
تختمها بخير
وسلام وصلاه
على سيدنا وسيد
مخاليق الله

ضنينه

وضنينه ياعم الدُنيابناس
تغوا ها تشيلها وفوق الراس
وتطاطي تخلى الخد مداس
مش ذُل ولكن فيه احساس
من إنو دا صنف وغير الناس
موجود ولكنو قليل كالماس
وكأنك واخد الدوري وكاس
وتشوفوا تحس بإن الناس
لساها بتعرف قيمة الناس
وتقول دى كنوز معرفة الناس
وتمن علينا يارب ب ناس
من نفس فصيلة نفس الناس
نتسند بيهُم على الأيام
من بعد ماعدا العُمر خلاص
ومابقتش الدُنيا بتنتج ناس
غير شئ مخلوق
معموللو مقاس
يتعامل مره وبس خلاص
وكأنو دخيل على دُنيا الناس

فُكك مني ياعم عويس

ما تفُكك مني ياعم عويس
وتسيبنى فحالى
وقول خلاويص
أنا مالي ومال أم الدستور
وحيا الله انا واحد م البلاليص
دا فبالهُم يعنى ياعم عويس
ونرجع مرجوعنا
عن البلاليص
قصدي الدستور
مالو الدستور؟
نورني وفيدني ياعم عويس
وادينى قعدت اهه خلاويص
حجرين والشاي
والقعده تهيص
وبعديها احلب لك
جوز جواميس
بس افهم منك وابقى حسيس
مش كُل حياتى عراك وبوليس
واتفضل يلا ياعم عويس
نورني وقِيد فيا الفوانيس
أيه الدستور؟
امبارح كُنت فقعدة كيف
وسمعت قناة الأخ لميس
جايب كدا باشا معاه كم تيس
باشا ومتهندم قوي لبيس
متنقى كلامو من القواميس
قاعد متسلطن كنو عريس
ودماغو تقول مافيهاش ترابيس
انا قلت دا حاوى وفك الكيس
وكلامو كأن فتحت هويس

20

لازم عنوانو ياعم عويس
ابعتلو شويه من العرانيس
راجل متكيف قوي وحسيس
مش زى اخينا الافندي التيس
قال ايه جمعيه وقال تأسيس
متعنطز قوى وكلامو عويص
والمُخ تخين محتاج تخسيس
مش زى الباشا التاني حسيس
لازم عنوانو ياعم عويس
لازم ولابد من العرانيس
علشان يتسلطن يدي التيس
بكلامو الجامد م القواميس
جمعيه وقال قال أيه تأسيس؟
عند أُمك وأُم الأخ لميس
ودا ريس أيه بالانتخابات؟
إذا كان العُمده وبالتهيس
وكمان أيه مُده وأيه سنوات
دا كلام يحتاج مية
كوم عرانيس
وتقولي استهدى ياعم عويس؟
استهدى انا كيف وبلد بتضيع
داكلام مايلدِش ع الجواميس
الريس يبقى بالانتخابات
والعُمدا يكمل بالتهيس؟
وانا وانتا ولادنا تصير بهوات
والباشا ولادو تروح وفطيس
دا كلام ما يخُشش أبداً عقل
ولايوزن عقلو لأي حسيس
متسلطن واخد ع العرانيس
ما تفُكك مني ياعم عويس
وتسيبني ف حالي
وقول خلاويص

عجباتني دماغي بدون فوانيس

وكأنك ساكن فى الحواديت

وكأنك ساكن في الحواديت
دايماً تحكيلى ف كوم حكايات
لا قمرها بينسى
فيوم ويغيب
ولايخلص فيها غرام وتبات
وعيالها ماتعرف معني الشيب
وبناتها بتفهم م النظرات
ومالوش العشق هناك تكاليف
وميزان العشق مش انك هات
بمجرد تعشق تبقى حبيب
قصرك مفروش وتلات فيلات
والعالم سهل بسيط وقريب
وفروما بتصحى
فشرم تبات
والكُل يعدي يمسى عليك
وكأنك ناجح في انتخابات
وتجوع فتبُص
تلاقى الشيف
نازل ومعاه كتالوج بوفيهات
تتعشى تحلى تقوم مبسوط
تنده في القصر تقول يابنات
وفثانيه القصر يقوم مسحور
يتحول كلو بنات في بنات
وتقول مين فيكو عليها الدور
في الحلم معايا الليله تبات
وتقوم تضحك لك ست الحُسن
وتقول لك حاضره وباستناك
ولا مره تعبت من الحواديت
ولا مره بتخلص
فيك حكايات

والحلم؟ انا احنا نهد السور
ونسافر نسكُن في الحكايات

والحلم؟ انا احنا نهد السور
ونسافر نسكُن في الحكايات

واخرتها ياعم فاروق

خلصت حكاويها
وجف الشوق
طيب واخرتها؟
ياعم فاروق
اقفل شبيباكي وافُض الحلم
ولا اصبُر برضو
واقول ح تروق
والأخر نلقى صابونه ياذوق
قولها وصرحها ياعم فاروق
ما انا ياما أخدت
كتير في صابون
وفهبلي وعبطي
كنت باسوق
وباقول تتعدل بُكرا شروق
والكُل فبلدي مريض بالشوق
بيمُص لمون ويقول برقوق
وادينا مشوره ياعم فاروق
ولا انتا كمان بتقول برقوق
ومريض بالعدوى
بتاعة الشوق
ربنا يشفينا ياعم فاروق
ونبطل حلم نبطل شوق
نبلع في لمون ونقول برقوق

يابتاع المطحونين

وياصباح المُفسدين
جاهزين متلمعين
بإشاره بطرف عينو
تلقاهم مؤمنين
حالفين وبميت يمين
ان انتا سبب خرابها
وشوية مجرمين
من عينتك ياحاقد
يابتاع المطحونين
وكلام مايجيبش هَمو
قال ايه عن مهمومين؟
ما الناس ماليه الشوارع
وبتُصرُخ مبسوطين
ودنك وعليها واقع؟
نعمللك ايه ومين؟
حيصحح جهل أمك
يابتاع المطحونين
نفسك بس فجنازه
وتلم الموتورين
وتجيب سيرة الغلابه
والناس الطيبين
راضيين بالغُلب ايوه
وانتا اللى حشرها مين؟
أمك بين ناس غلابه
وامارا وطيبين
راضيين بالحُكم فيها
وعليها محوطين
من كام تافه وزيك
لخرابها مخططين
والناس تُصرُخ ماتُصرُخ

26

عارفين ومكملين
وان شا الله تجيب ضُلفها
صابرين ومصممين
ولا تافه زيك انتا
يسألنا لمين؟ وفين؟
رزق بعتهولنا ربك
تكفر وتقول منين؟
وتدقق مين حياخد
وازاى وكام وفين؟
ودا كُفر صريح وبين
يابتاع المطحونين
ويرُد عليك شيوخنا
والناس المؤمنين
بينا وب انجازاتنا
ومعانا مكملين
الرزق بتاعو هوا
مش مِلك الموتورين
من عينتك ياتافه
يابتاع المطحونين

لو انتوا تيران ما احناش سنافير

ولو انتو تيران
ما احناش سنافير
حنخاف م القُط نقوللو ياسير
ونخُش الغابه لحين تيسير
باقيين ع العهد ولسا كتير
حنصون فى عُهود
ونصوغ دساتير
ونحاكم أي بتاع طراطير
وهمان ومصدق نفسو كتير
ومقامو مقام نفس السنافير
ويخاف م القُط يقوللو ياسير
وفساعة الجد يهدى السير
ويبيع فى الأرض يهادى الغير
وفنفس الخط عايزنا نسير
ونهز ديولنا نكون سنافير
ونفتح خريطتنا نعوز تفسير
لحدودها بلادنا ونرضى السير
فلو انتو تيران
ما احناش سنافير

خُلِصت ولابُد من التغيير

خُلِصت ولا بُد من التغيير
ورممها خلاص بتلم الطير
والنسر مطاطي يعُض الأرض
وأسدها كسيح ب يهش الطير
وخرايطك بدأت تنهش فيك
محتاجه حدودك للتبرير
والخوف لتشاد
تطمع في الدير
دير سينا ويمكن في التحرير
وتسافر زفتي ف تبقى أسير
وتلاقي الجندي معاه تبرير
ماهو كان ريسها فيوم يا أمير
ومافيش من بعد كلامك قول
خُلِصت ولا بُد من التغيير

فى العشق مافيش بهوات

فى العشق مافيش بهوات
ولاسيد وابن حارات
ولا ليلي ب تلوى ف بوزها
ولا طنط تقولك هات
يُسكُن وفأصغر عشه
يهرب م القصر ساعات
يعطش يشرب م القُلا
ويعاف التلاجات
ولا قيس كان عندو الفيلا
ولا عنتر جاب جاتوهات
ونعيمه يادوب من غنوه
وقعت فابو علي بالذات
وانتا بتكتب في شروطك
ولا بُد من ابن ذوات
والواد والبت اهو دِبلُم
ويادوب حيكونوا اخوات
ولاعُمرك تصبح جدو
بغرامك في التفاهات
الحق بدري وجوزهُم
قبل اما تروح لممات
شوفلك حفيدين ولاعبهُم
واتمتع بالأوقات

منين اديك؟

وأديني واديك
وادي عُرف الديك
وبدأها وقاللى منين اديك
ووافقت بصمت
نزلت رقصت
على أيدو وبوست
وقُلت شاريك
طب ليه التلكيك؟
والغله يدوب
وقليل المال
والعمدا أكيد
محتاج لرجال
شبعانه وماشي
معاها الحال
ودا كُلو عشان
ترتاح البال
يديهُم بقا
ولا حيديك؟
وكالعاده غبوتك
ناقحه عليك
ودا طبع أراري
وغالب فيك
على طول محتاج
وماددها إيديك
مُش قادر تُصبُر
لو قرنين
تفرج بعديها
يقوم مديك
وأديني واديك
وادي عُرف الديك

طارق التريري

لو فضلت حاجه
عشان يديك

انكغا انكغا

وانكغا انكغا
يا عم صلاح
يا بتاع مشيها
وتوبه سماح
يا عجول في الحلم
وزمنك راح
ونقولك سومه
تقول دي صباح
خدت النفسين
وبدأت كفاح
حلمان حتعيش
وتشوف إصلاح
يتاخد رأيك في الدستور
تلقا الجميز
محشي بتفاح
عاشق للوهم
وزمنك راح
وانكغا انكغا
يا عم صلاح
جوز خالتك بنا
وابوك فلاح
لوشم اللحمه
ينام مرتاح
يحكى ويتحاكى
من الأفراح
ويقعد ع الدكه
تقول جراح
وينادي بهانه
وعم حسين
والواد منصور

والبت سماح
وفريحة اللحمه
يلاقوا براح
ومش فاضل غير
ريحة التفاح
تتشم ويبقا
خلاص ارتاح
وانكغا انكغا
ياعم صلاح
واهي خلصت بدري
خلاص ارتاح
خلي النفسين
جاهزين وصحاح
يمكن نحتاجهُم
في اي كفاح
ماهو لسا كتير
عندنا إصلاح

بينا يا امُ السعد

بينا يا امُ السعد
نشوفهُم فين
مش ربطة فجل
دولا جزيرتين
مش يعني عشان
مااحنا مهاودين
حنفرط برضو
كمان في الطين
ياوليه وقومي
نشُفهُم فين
مُش ربطة فجل
دولا جزيرتين
واهديني قوليلي
حنسأل مين
نواب الشعب
واهوا موافقين
واكلين في القته
ومش سألين
وباقيلنا وباقى
فبرها مين
غير عيل شهم
ومصري متين
يسلملي صباعو
وإيديه الاتنين
نشن وضربها
ونشن زين
راجل والله
مدد ياحسين

كلام وخلاص

كلام وخلاص
ياعم الحاج
علم مرفوع
على الفاضي
نسيجو من
بلاد الهند
وساريه مش
من الوادي
وتتكلم يقولك علم
حضارة وأُمه بتنادي
وفين هيا الحضاره ياعم
يقولك اصلي
مُش فاضي
لأمثالك من الحاقدين
بتوع الرغي
ع الفاضي
ومستعجل عشان الماتش
خلاص الأمه بتنادي
ولو فُزنا يكون حظك
وتتفرج على بلادي
وتعرف يعني
ايه المجد
وعشقي وحبي لبلادي
مصانع ايه
وكلام فاضي
كلام مايجيبش
غير الهم
وقلة قيمه
ع الفاضي
ونفرض يعني
36

قولنا ياعلم؟
حيصلح حالو للنادي؟
ونوصل مره كاس عالم؟
يبيت شعبنا راضي؟
ما تنطق قُلي ساكت ليه؟
ياغاوى الرغي ع الفاضي؟
وخلص يلا قوم البس
نشوف الماتش ياسادي
وغاوي بس تجلدنا
بكلام فاضي على الفاضي

الحل الوحيد الرقص

ما ضربتش حد
انا على إيدو
ولا قُلت لحد
تعالي ارقُص
وانتا اللى لوحدك
قمت وجيت
نشوان طربان
عايز ترقُص
وماكانش كلامي
حيمشي عليك
لو اقولك لأ
وعيب ترقُص
والرقص حرام
والهز دا عيب
كنت حتتضايق
وحتُرقُس
وانتا اللى فرايحي
تحب الحظ
زعلان فرحان
بتقوم ترقص
وماكُنتش فاضي
لأي كلام
مشغول جداً
عمال ترقُص
دلوقتي ولما خلاص
في الجد
بتقولي خلاص
انا مُش ح ارقص
ورطتني فيها
وتوبت خلاص

لازم ياخفيف
تنزل ترقُص
محتاج للدعم
انا حاديك دعم
واهو أمرٌ إداري
إنك ترقُص
بتجيب في أخرها
القصه خلاص
والحل وحيد
إنك تُرقُص

بتلم هدومك

بتلم هدومك رايح فين؟
وماعادش بلاد
تتراح ياحزين
وطنك وربيعو
خلاص صفوه
والباقي يادوب
بينادي يامين
يكتبلو علاج
لبلاوي كتير
واهات وجروح
وكسور وأنين
وهُمو خلاص
مابقتش سلاح
وفلوسو يادوب
بتجيب فساتين
تديلو جواز تستني الختم
الصُبح بتلقى
البلد اتنين
ودا بس فوطني
ابو خريطتين
بخريطه لكل عباد الله
وخريطه لعربو
من اللاجئين
وخريطتو الأولي
دخولها مُباح
وخريطتو التانيه
تعوز قرنين
على بال مايشوف
فيه أيه جواك
ويطبق فيك

كُل القوانين
واثبت فمكانك
قول قرنين
وفى الأخر
برضو يقولك لأ
ما احناش عايزين
من يعرب؟
ولا سليل قحطان؟
والأسلم رُد
وقوللو كو هين
حتلاقى مقابله
ترد الروح
وتمد إيديك
تلقى البساتين
طراحه برقه
وحُب ولين
وتعيش ياحزين
أقصد ياكو هين

قربت تكاكى ياشجر التين

وانا وانتا ياغُلبى
وشجر التين
ماطرحش امبارح
غير بيضتين
وبعت يشويهُم
عند كوهين
وبقالنا سنين
بنحايل فيه
يطرح بطيخ
من ابو سجارتين
وسجايرو جميله
ومالهاش حل
طعمها بطيخ
على قمر التين
وب يطرح بس
تلات وخميس
ويريح نفسو
ف يوم الاتنين
وفيوم الجمعه
ينام ع البيض
يفقس بطيخ
من ابو سجارتين
نسهر ونغني
لحد الصُبح
نشرب ينسون
ويا سجارتين
وب اقوم الصبح
وانادي عليه
فين مشمش؟
يصحى يقوللى انا تين

واديني أماره؟
يجيب بيضتين
وتعاتبو يقولك
فن حديث
ويافرحة قلبى
انا بالبيضتين
وقربت تكاكي
ياشجر التين
مابقاش فبلادي
خلاص موازيين

بُكرا وامبارح

واهو بُكرا
وزي امبارح فات
وماجابش جديد
ورجعت تدندن تاتي تقول
مابقاش فى الإيد
غير بس يادوب الصمت
وحلم نشيد
يمكن ينزاح الغم
وتلاقى فبُكرا جديد
وتلاقى بلاد مفتوحة الباب
طارحه المواعيد
وانتا اللي هواك
على طول تحلم
والحلم بعيد
ومجهز فيك
دايماً أفراح
بتنادي العيد
والعيد مابقاش
يجي حسب الشوق
لازم مواعيد
ومعادك لسا
أوانو ماجاش
جاري التحديد
فالتزم الصمت
ومني النفس
استنى بريد

صمتي اختياري

صمتي اختياري
وخصله فيا عشقتها
مالهاش كتير
لكنى فجأه سكنتها
وباعلي سورى
واسد بابى والمها
حواديت كتير
تفاصيل كتير
كانت بتفرق وقتها
وحارات كتيره
بيوت كتير
مابقتش رجلي
تروح لها
وحاجات كتيره
ماعادش قلبي
فشوق لها
ب انفُض غُبارها
وبابتسم واهمس لها
ومع السلامه ياشئ
فى نفسي وحلمها
وحنين يشاور للبعيد
مُشتاق لها
يرسم خطاوي
على الطريق
ويعود بنفسو يلمها
دبلت وشاخت
والطريق مابقاش
يهزو الشوق لها
والقانى راجع من جديد
باجلد خُطايا واشدها

بامضُغ فى يأسي
وفى النشيد

لناس كتير

ولناس كتير
كانت بتدخُل
جوا قلبي وتسكُنوا
مابقاش مكان
صدت وخلص عطرها
وضاق المكان
مابقاش في نفسي
الشوق لها ولا للمكان
في حاجات كتير جربتها
وياريت ما كان
ع الفاضي فيه متمكنه
وشاغله المكان
وأوانها جه
ولازم بقى تسيب المكان
وياقلبي نُصبر ع الالم
نخلي المكان
وأهون كتير
من جرحنا وضيق المكان
وكفايه باللى بقُم لنا
نقيد المكان
وكفايه خدنا
من الزمن ومن المكان
ساكنينوا كانوا بدون تمن
وياريت ماكان

مصر سنة مليون

والحاله اتعدلِت ع الأخر
واهو باض الديك
مابقتش الناس تركب مترو
بقى فيه تلفريك
وجنيه بدولار يمكن اكتر
دُقي يامزازيك
والريس رايق ع الأخر
ومنين اديك؟
مابقتش بتيجى على لسانو
وجابلي تلفريك
وفساد في بلدنا مافيش خالص
بيقول يا فكيك
وتخُش القسم وتتشطف
تاكُل فيه كيك
والمُخبر واقف ع القهوه
يُظبطها اهو ليك
والظابط بيقولك حرماً
شُبيك لُبيك
ومقصر ليه حالق دقنك؟
ربنا يهديك
والدقن دى سُنّه اوعى تسيبها
وربنا يحميك
تحلقها أكيد حاز عل منك
ولا ازُد عليك
وحتصلى المغرب
في الجامع؟
أجي أوديك؟
واتفضل تصريح بمُظاهره
بقى ملك أيديك
واتظاهر واعمل مابدالك

48

واحنا حنحميك
وبعديها ولما خلاص توصل؟
طمنا عليك
والشُغل مرطرط ع الأخر
بيبوسوا أيديك
والقمح بيطرح مية مره
يطلع بوفتيك
والناس في الشارع تندهلك
م الخير تديك
وأُمك تصالحلك فمراتك
ربنا يهديك
تقلع غوايشها وتديها
وتكتب كم شيك
وتطبطب وتهنن فيها
وبعدين ترضيك
بتحبها خالص تعشقها
وبيشكُروا فيك
وتقوم م النوم وتروح زاعق
يجي تلفريك
يدخُل على اوضتك بالراحه
وبنات كدا شيك
بتدلك تد عكلك ضهرك
ويهننوا فيك
بعديها خلاص تبدء تفطر
ربنا يحميك
ويرن موبايلك والريس
بيمسي عليك
حتشوف الماتش
بقى معانا ونتونس بيك
وترد حبيبي انتا ياريس
تُأمر معاليك
وتغيب م الشُغل

ولا يهمك ويأثر فيك
وتسيبو تلاقى أحسن منو
ونفسنا نرضيك
ماالحاله اتعدلت ع الأخر
واهو باض الديك

ماسكات ثوار

صدقت وزي
ما قالُم قُلت
اساتذه وطلبه
وبلديات
ومشايخ دقن
ومن غير دقن
وغلابه وفُقرا
وناس بهوات
وكتير مستنى
يشوف الريح
بعديها يحدد
فيه مسارات
ومجهز كوم
أشعار وكلام
ومجهز برضو
كتير ماسكات
وعيال شايلين
في ايديهُم حلم
وحناجر عاشقه
وضي حارات
ورايات نشوانه
ترفرف فوق
وأغاني فكُل البلكونات
ومداين نازله
وطارحه ربيع
بتعافر تمحي سنين
في ممات
قضيتها كأنك
بيت مسكون
لا بيبانو تذُق

ولا العتبات
بيريح حد عليها
يفوت
وبيحي حنين
لزمان واهو فات
كان كعبه عشق
لكُل الناس
كان مجدك حي
وفيه ثورات
والكهنه ونفس
كلام العهر
نستنى عليه
نديه إشارات
وكأنو بقالو سنين
مرزوع في قصورو
ماخدش فيوم إشارات
وكأن مرار الناس
كان فيلم
بيشوفوا وبعدو
يروح في ممات
واشتاقت كُل الناس لخلاص
واهى نزلت رايحه
تجيب الحلم
واهى ماتت
عاشقه يعيش الحلم
واهو عدا الحلم
وخلص مات
قتلوه تجار مسارات الريح
قتلوه ثوار لابسين ماسكات

دكتوراه في الأطائيط

ومعلش سامحنى
انا كُنت عبيط
ماكانتش البعثه
عن الأطائيط
ما عرفتش اخلي
الدم خفيف
ولا حأقدر اساعدك
في التظبيط
كان علم ويعني
كلام كدا تيت
كان هرى ولت
وعجن عبيط
ولا طول ولا عرض
دا كان تخطيط
من غير طباشير
ساذج وعبيط
وخازوق انا خدتو
ياريتنى ماجيت
ومعلش سامحني
إذا كُنت غتيت
ضيعت الوقت
فهرى عبيط
ودوشت دماغك
بالتخطيط
ونصايحك صح
خلاص خفيت
حاخرُج من عندك
اروح كباريه
ورسالتي الجايه
عن الأطائيط

ويا كركر هئ

ويا كركر هئ
كلام معسول
على واحده ونُص
وصوت أرغول
وبدأنا الرقص
فتحنا فصول
والعيش بقا سلك
نسينا الفول
سمعنا يامجلس
يلا وقول
في كلام بهوات
مكوي ومغسول
من كُتر الفرحه
بقيت مسطول
باسمع في كلام
واجمع محصول
وباقوم الصُبح
أكيد مبلول
ويا كركر هئ
كلام معسول

ربك كريم

ربك كريم وأكيد
حتروق و تتعدل
عتمتها تبقى شروق
واحوالها تتبدل
مهما يضيق الطوق
مهما بتتقندل
لكن اكيد حتروق
حتماً وتتعدل
يظهر شُعاع الضوء
تركب وحتبدل
عجلك كأنو الريح
سابق ومستعجل
واميره جابها الشوق
وف شعرها ب تجدل
وباقي كمان لفه
واهو بعدها ننزل
تتقوتوا الموجود
بعديها تتعدل
فردت شعورها السود
والكون اهو اتبدل
قوم يلا نادي الحلم
هات الخيوط واغزل

كلام جديد

دبل الكلام والبوح
مابقاش يجمّعنا
والضل وحدو أسير
لطريق مالوش معنى
و بتُنضُم المواويل
عاشق تسمّعنا
بس الكلام مخنوق
وشبيه بأوضاعنا
وعشمنا يبقى جديد
واضح كدا المعنى
تقدر تحسو الإيد
ويداوي أوجاعنا
لو جبت منو
أكيد لازم تسمعنا

للكبار فقط

من زمان
انا غير زمانك
من بتوع حافظ وصون
من بتوع العِشرا عِشرا
ومستحيل أبداً تهون
من بتوع الفرحه لمه
والحديث كان لُه شجون
والكلام يتقال صراحه
لسا ما اخترعوش ظُنون
من بتوع عيب زي أُختك
وانتا طاطيت العيون
وخلي بالك دول جيراننا
وكلو علشانهُم يهون
من بتوع العيب وقعده
تبقى اقوى م القانون
وع الجميع الكلمه تمشي
هيا كلمه تمشي كون
ومن بتوع الطبخه فاحت
تلقى كُل الكون صُحون
ع السلالم طالعه نازله
وفجأه ينهار السكون
ولما حد يقول ناولني
تلقا كُلو ايدين يكون
واما تبقى الكوره ملكك
تبقا فرود
ومستحيل يوم جول تكون
ولا لما الفيلم يبدأ
تلقى كُل الكون سكون
والجيران كان شئ طبيعي
والبيبان من غير كالون

مش بتوع
مابقاش في وقت
مع السلامه وطيبون
من زمان انا
غير زمانك
... بالسلامه
... واصبُر
اسمع طيبون

الكلمه

وياحبر فوق الورق
ياحرف ع الكيبورد
انطق بلاش تتخنق
زعق وقول موجود
وماتبتديش الهرب
وتقول طريق مسدود
حاول تقول كلمتك
والجوده بالموجود
خليها تبقى الفرح
رغم الليالي السود
حتلاقي باب انفتح
مع أنو كان مسدود
والكلمه هيا الأمل
هيا الرجا المنشود

بديع شروقك

وبديع شروقك فيا
ساعات الصباح
والكون رقيق
زخات مطر
وانا مُستباح
همسات حفيف
ورق الشجر
خايفه الرياح
وطيوري عاشقه
بتنتظر
فارده الجناح
وكمان قديم
نفض الوسن
هام في البراح
بيشد قوسو
وخطوتك فيها اجتياح
وانا كُلى رعشة
لطلتك مليون صباح
وتهلي فيا تُشرقي
وبدء البراح
يُسكُني
توسع خطوتي
وتفرد جناح
والكون دا كُلو
فقبضتي
وانا مُستباح
ببديع شروقك فيا
ساعات الصباح

باب الليل

وف أول عتبة
ف عتمة باب الليل
خطيت
اتهجى حروف الكون
وبديت
وفردت جراحي
بساط للريح
وغويت
وحزنت لحد
ما وصل الحُزن مداه
ورأيت
حواديتك لسه
ساكنها سكوت
شبيت
على حيلي وقفت
أنادى بأعلى الصوت
مريدين عشاق
أحباب ما لقيت
غير صمت الصوت
فنزلت هويت
على عتمة باب الليل
وناديت
على كُل مافيا
من الحواديت
وصرخت بأعلى
الصوت مليت
من طول العتمه
وم الحواديت
مابقاش فى الليل
غير وحده وخوف

61

سراديب سراديب

وكتير توابيت

بادخُلها واغيب

جو الحواديت

وبالقاني ف أول

عتب الليل

بادخُل وب اتوه

فى فراغ حواديت

الطوفان العربي

نقطه
وخلاص
وماعادش
تانى سطور
والكل طاطا
فى انتظار الدور
حاول تبرر
وارغي لف ودور
واخبط دماغك
وانتحب للسور
بإيديك بنيتو
واداريت في قصور
عليتها يمكن
تمنع المسطور
واهي باديه ليلتك
جه عليك الدور
جهز سفينتك
راقب التنور

قماشه حسب الطلب

وقُماشه حسب الطلب
وأمُر تكون جاهزه
وسياسة فن وأدب
وكلام مالوش مغزا
عايز الكلام بالأدب
ولا من الغُرزه
واتك بس افتحو
والمخبرين جاهزه
وكلام ميزانو الدهب
لو من وراه جايزه
ياخدك لفوق السُحب
ومِش لازم المغزى
يتك تنزل حكم
وافكار كتير جاهزه
بس انتا قولو الطلب
وتحضر الجايزه
وان قُلت لاجل الوطن
يقلب قوام فايزه
انتاج محمد على
فاجره ومُش عايزه
وكتابه برضوا فيه
وأقلام كتير جاهزه
وتقرا كلام يسحرك
وفمنتهي اللذه
بس انتا قولو مين
حيكونللك المزه
ويثبت لك إنو عميل
بتمولو غزه
لا بتاع علوم ولاطين
أخرو صبي ف غرزه

ويفضل تُراب جزمتك
طول ماف إيديك جايزه

الخوف

تزرع من خاف سلم
تُحصُد خُسران مبين
وبلاد كدا زي حالنا
عشقت كلمة أميين
لازم تبدء تواجه
تقتل كلمة أمين
تصرُخ وبأعلى حسك
تنسف قهر السنين
لازم تثبت لنفسك
إنك مش من عجين
تشكيلُو سهل جدا
وانك مش مُستكين
ولأي ريح توطى
وتقول حظي اللعين
واجه وافرد في عودك
وازرع جواك يقين
الخوف مافيهوش سلامه
الخوف مخلوق لعين
حتهب ف وشو مره
ينساك باقي السنين

ونس لوحدي

وباتونس كتير بيا
وحتى لو مابين الناس
تشوفني تحسني منهُم
ولكن خانك الاحساس
نقلك جزء م الصوره
ما ركزتش أوي فى الناس
فحاول تاني تلمحني
حتلقاني بعيد م الناس
لوحدي ف رُكن مداري
مع نفسي وباشوف الناس
باشوفهُم بس من جوا
من النظره من الاحساس
وباعرف برضو أوزانهُم
كتير خُرده وقليل الناس
وبعديها الظروف تفرز
تشوف الفالصو م الألماس
وكُل ما تطول الرحله
يقلو ويسيبوك الناس
وترجع تاني ولوحدك
يادوبك كاتم الاحساس
بمُرك وانكسار قلبك
ووحدك برضو بين الناس
فتهمس بس ولنفسك
وكاره يلمحوك الناس
واخدت كتير على ما اعرف
ضررها العيشه بين الناس

ومهما تكون

ومهما تكون
غيوم في الكون
حيجى الوقت
وتعدى
وياما كتير
غيوم عدت
وياما
مطرت أحزان
وياما
قفلت شباكى
على نفسي
وقلت أوان
أسافر فيا
وادارا
وادوب نسيان
واعد لوحدى
في نجومى
واعد كمان
لحد العد مايزهق
يقولي كمان؟
وفجأه
بتتكتب غنوه
ويصحى كمان
ماكانش
في الغُنا مأمل
واديه حلمان
بينفُض وسنو يتاوب
بدا الألحان

وخدت كتير عشان تعرف

وخدت كتير عشان تعرف
وتتعود على الدُنيا
وخدت اكتر
عشان ويّاها تتعايش
واديك عايش يادوب عايش
تشوفها وانتا ع الهامش
وتحلم تبني في الأمال
وبتغمس يادوب فايش
وتبدأ تُنصب القعده
وتتفلسف وتتناقش
تلم اللى وقع منك
تدور فيك على الرايش
وتلقى الحلم متسند
يادوب قادر يادوب عايش
تُضمو تشد في ضلوعو
وتداروا على الهامش
وتتسحب إيديك تنبش
بتطمن على الفايش
تشد سجاره وتدندن
دا إعجاز إن انا عايش

خريفك

واديك وحدك
بلا صُحبه بلا رفقه
بلا أحباب
خريف جامح ب يتسحب
يزُق الباب
يدور وب شغف عنك
ويلا حساب
ماعادش ينفعك اعذار
ماعادش يستمع لعتاب
وجهز يلا فيك سفرك
ورتب رحلتك لغياب
وجايز تطول الرحله
وجايز تبقى بس ذهاب
ومش فارقه خلاص وحدك
بلا صُحبه بلا رفقه
بلا أحباب
وكلو في النهايه غياب

مُسلمين على أي حاله

مُسلمين
ظالم بيُحكُم
واللى محكوم
قال أميين
قضا عمرو كلو يسعى
لاجل مايبوس الإيدين
وانتظر تطرح وتُحصُد
باستعاذه وكلمتين
ساب علومو
وساب صناعتو
واكتفى بالركعتين
بعدها يمُط الشفايف
يبتدي ف رفع الإيدين
يُطلب الجنه ونعيمها
والتمن كان ركعتين
مُسلمين
على أي حاله
إلا حال الأولين
دجالين
ماسكين مباخر
في الجهاله غرقانيين
مرعوبين
وبيدوا جزيه
وينزلوا يبوسوا الإيدين
مجلودين
ومافيش عداله
ومش مُهم تكون سجين
المُهم إن اللى حاكم
يبقى فوق عرشو المكين
والبقيه عبيد جواري

وحقُهُم بس الآنين
والآيات تفسيرها واضح
في الحياضه
وفى المناكحه
وانك انتا تقول أميين
أما بخصوص العداله
لم يرد نصاً مُبين
والمشايخ
والأئمه
كُلهُم بيك مشغولين
انتا بس
سبب ضياعو
مجدنا وفخر السنين
والأمير والحاشيه
قدرك
وانتا مؤمن مُستبين
والقدر لُب العباده
صُنع رب العالمين
وانتا لازم تبقى مؤمن
ايوا لازم تستكين
واحتسب واصبُر وصابر
من سمات المؤمنين
بعدها الجنات بتاعتك
والتمن كان ركعتين
والفارابي وبن سينا
وعد على مر السنين
في الطبيعه وفى الحضاره
وف علوم الأولين
كُلهم تفكيرهُم اعوج
وانت بس المُستبين
فُزت بالجنه ونعيمها
وب يدوبك ركعتين

ومسلمين على أي حاله
إلا حال الأولين
ومُش مُهم وجود حضاره
الأهم السلاطين

الهجايص

آه يا بختك
لو مُش انتا
وكنت حد
غريب وخالص
حد ما عرفش البراءه
حد مادخلش المدراس
كُل شئ متساوي عندو
صوت أدان
اجراس كنايس
حد كُل همومو نفسو
منسجم في الكون ودايس
عمرو ما بيغلب حُمارو
موقفو م الدنيا مايص
مش مُهم يكون فيه موقف
أو طريقه أو هجايص
المُهم يكون فيه مكسب
هوا برضو يكون فيه دايس
كان زمانك حاجه تانيه
كان زمانك كُنت هايص
مرضي ومريح دماغك
م المواقف م الطريقه
وم الهجا يص
وعبي في الأوجاع وخزن
عبي يابتاع البراءه
عبي يابتاع المدارس
وابتسم مُطـ ف شفايفك
وانتظر تطرح هجايص

سُني وشيعي

لأ دا سُني
ولأ دا شيعي
ولأ دا
مُش عارف منين
كفرا يعني؟
لأ ياسيدي مُسلمين
بس إسلامهُم شويه
يعني محتاج لليقين
وانتا كامل؟
ولا محتاج اليقين؟
وبعدها تبقى تجاوبني
تدلني نبدأ منين؟
اللى مُختلفين معانا
منا برضو
ولا دول مُش مُسلمين؟
واللي عاشق
ينهي دينك
واللي ضدك من سنين
سيفو فيك سُنه وشيعه
ولا سيفو ف مُسلمين
لما بيدبَح بيفرز
ولا فينا أجمعين
لما بيحارب فى مذهب
ولا بيحارب فى دين

شئ م الطناش

فى حاجات
تسكُّت عليها
وحاجات ماتعديهاش
وحاجات مُمكن تطنش
وحاجات تعمل ماجاش
وإن حد سأل بتهرب
فجأه وتبدي اندهاش
وساعات لازم تزرجن
وساعات بتقول بلاش
عديها ومشي حالك
لازم حبة طناش
لاجل تسير المراكب
عَوم ماترسيهاش
لو رسيت فيك ح تغرز
وكتير ما يزُقهاش
يتفرج بس مُمكن
لكن في العون طناش
واعذارو كتيره جداً
عمرك ماتعدهاش
وبتكتم فيك وتُعذر
تحلف ماتعديهاش
لكن ترجع تهادن
وتقول شئ م الطناش
بيخلى الدُنيا تمشي
ومُمكن فيها المعاش
مُش كُلُهُم ناس
وياما تقابل زباله
مرسوم من برا ناس
عِشره وتبدء تعاشر
وتدوسهُم بالمداس

76

ماعرفتش بس تقرا
وخدعك شكل المداس
شغلك حُسن المظاهر
لسا مابانش الأساس
ويبان مع كُل خطوه
وتقول هانت خلاص
بُكرا الأيام تعلم
بُكرا يعاشر فى ناس
يفهم ينضف شويه
ولكن
دا عيب أساس
مُمكن تلميعو برا
لكن جواه خلاص
جهز كيس الزباله
واصبُر واستنى ناس
من جوا وبرا واحد
وابدأ جِس الأساس
يستاهل؟
فوق دماغك
وطي وشيللو المداس
وياما الستات بتولد
لكن مش كُلو ناس

ب يصلوا بس يسلموا ولا يعرفوه

ولا يعرفوه
بيصلوا بس يسلموا
ولا يعرفوه
والدُنيا ساكنه فقلبُهُم
وادخُل تتوه
حتلاقى مية مليون نفق
واصرُخ ياهوه
فين هدي شرع المُصطفى
فين خبيتوه
وتغيب وصوتك في النفق
صارخ ياهوه
يملوا المنابر في الجُمع
وكلام قالوه
مية ألف مره
وخلصوا يلا ادفنوه
جنب الكلام اللى اتهرى
وسبقُم حكوه
وبكلمتين ب يتمتموا
وبعدين يتوه
فى بحور ظلامهُم هديو
ويمروا يسيبوه
ويفتوا تانى ويشبعوا
وكافر أبوه
لو حد مره همسلُهُم
عودوا اتبعوه
العدل شرعو ومنهجو
يلا ابدروه
في الأمه يطرح نبتها
وح تفرحوه
يتباهى بيكُم في الأُمم

لما تلاقوه
منهاجو فيكُم عزكم
جِدو اتبعوه
والعدل دين المُصطفى
ولا نسيتوه؟
وف شرعو كُل الناس سِوا
ومافيش أبوه
أو عمو خالو وجدتو
أو جد ابوه
والكون دا مِلك وللجميع
لو عمروه
والحق يمشي على الجميع
لو مين أبوه
ودا عدل دين المُصطفى
واللي نسيتوه
بتصلوا بس تسلموا
ولاتعرفوه
وان حد فيه الكيل طفح
يلا وهاتوه
وتصلوا برضو تسلموا
ولا تعرفوه

سندبادك

سندبادك نفسي اكونو
بس فين هيا البلاد
والمواني بعيده جداً
قلبي صدا من البُعاد
والرسايل جاهزه فيا
بس مش لاقى المداد
والسنين مابقتش تطرح
غير ليالى وطول سُهاد
والنهار بقى حلم واكتر
وامتى حيكون المعاد
سندبادك نفسي اكونو
بس ساكنانى الجراح
كل مادا الموج بيعلا
وفيا بيقل البراح
مركبي بتفرد قلوعها
فجأه وتهل الرياح
يبقى لازم نرسي تاني
وننتظر بعدين سماح
لمي يامراكب قلوعك
لم ياطير الجناح
والله عالم امتى تهدى
وامتى حنشوف البراح
سندبادك فين بلادك؟
سندبادك فين براح؟

هربانه منهُم

ناس كتير
في بلادى جاهله
وناس كتير
هربانه منهُم
ناس كتير
بتلوم عليهُم
بس مابتزعلش منهُم
في النهايه الكُل واحد
هُما منا واحنا منهُم
كُلنا مضحوك علينا
واكتشفنا ان احنا كُنا
في الحقيقه أغبى منهُم
هُما عارفين الحقيقه
م اللى كانوا قبل منهُم
بصوا فيهُم
شافوا حالهم
فهموا منهُم
في البلد دى
مالكش حاجه
إلا لو خشيت مابينهُم
يا تناسبهُم ياتخادعهُم
ياتهادنهُم
واحنا ضلينا ف كُتُبنا
وياما قُلنا
سخرنا منهُم
وفى النهايه اديك
بترجع وسطهُم
وتغيب مابينهُم
ويجي حد جديد يشاور
يبتسم هربانه منهُم

وانتا برضو ب تبتسملو
يوم حتجي تكون مابينهُم

سؤال شهيد الثوره

البقاء لله ياسيدنا
ثوره؟ ونزلنا وجاهدنا
واتضربنا وموتنا ياما
وف النهايه؟
اهو راح شهيدنا
وكل يوم بيقوم ويسأل؟
منتظر يسمع جديدنا
واحنا مش قادرين نقولها
أمرنا؟ مابقاش في إيدنا
تاني برضو رجعنا نركع
فينا يتحكم بليدنا
رجعوا أوسخ مما كانوا
واحنا نتلقى ف وعيدنا
واللى غطا كمان وغطا
إننا جبناه بإيدنا
ثوره نجحت بس نظري
وخبنا في التطبيق بعدنا
ورجعوا تاني بياخدوا تارهُم
رجعوا بيجزوا ف وريدنا
والشهيد؟ الله يعينو
منتظر يسمع جديدنا
والجديد؟ ان احنا عُدنا
كُل يوم نسمع وعودهُم
حلمانيين تطرح في إيدنا
ولما ييجي العيد بنجمع نفسنا
وبنزور شهيدنا
بس إيدنا...؟ ب تبقى فاضيه

حتى كعك مافيش في إيدنا

كعكُهُم بقى سعرو غالي

أغلى من رحمه لشهيدنا

ونبقى خايفين من سؤالو

لما يسأل عن جديدنا

نستاهلك

ونستاهلك أكيد احنا
دليل واضح على المحنه
بإهمالنا بغباوتنا
بصديد طافح سكن روحنا
بإيدنا بترتعش دايماً
بخوف ساكن ملامحنا
بحلم ب ستبيح دمو
بتُربه وفاتحه لطموحنا
ونتشاغل ونتساهل
ووقت الجد مُش إحنا
ونستنى الزمان يطرح
على مانكون كدا ارتحنا
دفنا همنا في النوم
وفوقنا وتبتدي المحنه
نبُص ونلتيقك طافح
صديدك كُلو ف جروحنا
نكفن حلمنا ونُصرُخ
وتتبدل ملامحنا
ونجلد فينا ونلومنا
ونستاهلك أكيد احنا

ولازم فى الحياه سُذَّج

ولازم فى الحياه سُذَّج
ولازم يبقى فيه مجانين
همومهُم بس في الأحلام
لا في الفيلا ولا القرشين
ندمهُم مُش على اللى راح
ندمهُم ع اللى مُش جايين
معاهم يغزلوا للروح
حياه أوسع من القرشين
يلاقوا للحياه معنى
مابعد اللُقمه والمترين
في لمسه ريشه ف حكايه
في همسه بتجمع العاشقين
في ضحكه من العيون طاله
بتتسأل وجاي منين؟
واحشنا من زمان ضيك
واحشنا وم الحنين دايبين
وونسة شوق على القهوة
في حاره وكلنا حالفين
خلاص خلي الحساب عندي
ومتبوعه بطلاق ويمين
وبتلاقي الجيوب فاضيه
ولسا في الحياه عايشين
صحيح احنا اختيار فاشل
ولكن لسا متواجدين
بنحياها بعيون تانيه
مابعد اللُقمه والقرشين
ولازم في الحياه منا
ولازم برضوا م التانيين
أَقلو يشاورو يتهامسوا
علينا واحنا مُش فاضيين

بتشغلنا سذاجتنا
وبنهيم في الحياه مجانيين
ولازم في الحياه سُذج
ولازم ف الحياه مجانيين

فُل

أ كيد ربك حيكرم
وأ كيد الجاى فُل
بدأت ريحة عبيرو
وارب الشباك وطُل
بلبل نشوان بيصدح
تكعيبه وراميه ضل
عنبك نطقت حلاوتو
أأقطف واغسل وكُل
واهدي لكُل الحبايب
ودع حرمان وذُل
واضحك زين ملامحك
وازرع في القلب فُل
مهما الأيام تعاند
لازم جواك يهل
فجرك وتصحى حلمك
وتبُص عليه تُطل
وان كسل شد أيدو
واتقابلو ف حته ضل
وحدو الكلام حيطرح
سهم وقلبين وفُل

ما بيخلصوش

واحنا المزارع والشقا
وهما الكروش
وكأنو زرع جهنمي
ما بيخلصوش
نرفع إيدينا ونبتهل
ترجع فاشوش
ندفن في واحد
جُثتو تنبت جيوش
وتقوم تمُص ف دمنا
فين القروش
واستنوا نجمع زرعنا
ومابيصبوروش
على عودو جابو المشترى
وساهمه الوشوش
ترفع إيديها وترتعش
ترجع فاشوش
وعيون بتهمس للسما
ومابيرجعوش
نفس العيون المؤمنه
ف نفس الوشوش
ب يكون إيمانها
خلاص ثبت
مابيخلصوش

دم الحُسين ودهب يزيد

وف كُل يوم بيموت حُسين
ويقوم يزيد
يرفع سيفو ف وشنا
ونهتف يزيد
ولاحتى فيه حُمره خجل
لاجل الشهيد
كُل اللى ساكن قلبنا
دهبو ليزيد
نركع نداهن نتمحن
ونبوس في إيد
الدم سايل منها
وريحة الشهيد
تدخل تداعب أنفنا
ونمد إيد
نقفل لريحتو تهزنا
وتشعل مزيد
من كُره فينا لنفسنا
وبُغض ليزيد
لكن بنفتكر الدهب
وسيوف يزيد
فنوطي تاني ونرتعش
ونبوس في إيد
ونبعت سلامنا وعشقنا
لسيدنا الشهيد
وننام ونحلم كُلنا
بنقتل يزيد
ويرن في وادننا الدهب
نهتف يزيد
واهو كُل يوم
بيموت حُسين

90

ويقوم يزيد

المحتويات

بُكرا وامبارح
صمتي اختياري
لناس كتير
مصر سنة مليون
ماسكات ثوار
دكتوراه في الأطائيط
ويا كركر هئ
ربك كريم
كلام جديد
للكبار فقط
الكلمه
بديع شروقك
باب الليل
الطوفان العربي
قماشه حسب الطلب
الخوف
ونس لوحدي
ومهما تكون
وخدت كتير عشان تعرف
خريفك
مُسلمين على أي حاله
الهجايص
سُني وشيعي
شيء م الطناش
ب يصلوا بس يسلموا ولا يعرفوه
سندبادك
هربانه منهُم
سؤال شهيد الثوره
نستاهلك
ولازم في الحياه سُذَج
فَل
ما بيخلصوش

دم الحُسين ودهب يزيد

Don't miss out!

Visit the website below and you can sign up to receive emails whenever طارق التريري publishes a new book. There's no charge and no obligation.

https://books2read.com/r/B-A-KEUT-OZTYB

BOOKS2READ

Connecting independent readers to independent writers.

About the Author

منشوراتي
في بلاد الأي حد
قلبي اللي عشقك
إنفصامستان
وجع القصيده
كُل العساكر كدابين
الصُبح في بلادي
شباكي الفاتح
سُلطان العاشقين
قُليل لما باشتاقلي
دوايرك
دم الحُسين
على باب الله
صباح القُدس
عند باب الحلم
لماكانت مصر دوله

ذكريات الميدان
التُهمه عربي
Read more at tarqablog.blogspot.com.

www.ingramcontent.com/pod-product-compliance
Lightning Source LLC
Chambersburg PA
CBHW021957170726
47994CB00021B/900